图解游戏

让幼儿教师轻松搞定游戏

总主编 鄢超云

余 琳 文贤代 吴庆国 ◎ 主编

复旦大學出版社

编　委

目　录

序言

自己的问题自己答

在落实幼儿园以游戏为基本活动的过程中，幼儿教师常常会提出很多自己的疑问。这些问题是推动幼儿教师成长的强大动力，但更可能是阻碍游戏开展的巨大障碍。在传统"专家讲、老师听""领导讲、老师听"的培训与教研模式中，老师们的问题常常不被重视，老师们没有表达的机会，也不被倾听。或者说，老师们的问题常常被认为是不正常的、是应该被快速消除的。

当我们将视角转向实践者，发现老师们的问题多种多样，有的问题是专家、领导能够意识到、能够"秒懂"的，但有些问题是专家、领导想不到、不会遇到的。那些被"遮蔽"的问题，常常成为幼儿游戏质量提升的"拦路虎"。

因此，给老师们表达实践过程中有什么问题的机会非常重要。当老师们愿意提问、敢于提问、乐于提问、善于提问时，游戏问题解决、游戏质量提升的大门已经打开。提问，提出问题本身，清楚地提出自己心中的问题，提出别人听得懂的问题，并不是一件容易的事情。正如哈佛大学教授、教师教育研究者达克沃斯（E. Duckworth）《精彩观念的诞生》《多多益善——倾听学习者解释》这些书名中蕴含的道理，我们越是倾听实践者（学习者），实践者越有可能生发出精彩观念。而实践者自己藏在心底的问题，无疑是精彩中的精彩。

对于这些问题，专家、领导的第一冲动是回答这些问题，用自认为很简单的道理说服老师们。但在成都市金牛区开展游戏质量提升研究的过程中，大家控制住了这个冲动。课题组发现，让提问者对问题做一些解释、说明，是非常有价值的。常常在提问者自己解释、说明问题的过程中，问题就不同程度地得到解决，最常见的现象就是老师拍拍自己的脑袋，说"哦，我晓得了""其实刘（华、邱）老师的书里写的有"。课题组尝试着让一线的老师们来回答，如果专家、领导们能多问一句"谁想来谈谈对这个问题的看法"，将问题真心诚意地交给老师们，相信他们，真诚地期待着他们，多等一等，常常会有回答者，而且这些回答往往非常精彩。

这本小书，就是成都市金牛区的幼儿教师们在开展游戏活动过程中，自己提出的问题，自己的回答。各位读者看到的是回答的结果，我希望大家能在心中推演成都市金牛区的教师们回答这些问题的过程、学习他们面对这些问题的态度，更希望大家能够提出你一直想问但不敢问的游戏问题，并自己回答这些问题。

四川师范大学教育科学学院教授　鄢超云

前言

　　幼儿园游戏兼具自然性和教育性。我们既要站在幼儿立场，彰显游戏的自然性，让幼儿在游戏中实现自由自主的积极过程体验，又要站在教育的立场，重视游戏的教育性，让幼儿在游戏中主动学习、快乐成长，这就需要幼儿教师不断在理论和实践中平衡游戏的娱乐功能和教育功能。教师们可以在书中轻易获取游戏的理论知识，了解科学的游戏观念，但是实践中却总会产生许多书中找不到答案的困惑，例如：游戏需要教师的教吗？如何平衡游戏中规则与自主的关系？丰富的游戏环境一定能产生高质量的游戏吗？

　　为了收集一线幼儿教师关于游戏的困惑，我们在过去的两年多里，一是面向全区三千多名一线幼儿教师征集关于游戏的困惑，并遴选出 30 个关注度较高的问题。二是组织"游戏辩论赛"，就其中 10 个关注度最高的问题从正反两个角度进行辩论，让这些困惑在辩论赛中越辩越明，形成全区幼儿教师的游戏共识。三是开展"游戏种子教师"培养项目，在专家引领下用一年时间通读游戏理论书籍，再结合工作实践集中讨论，以教师的视角逐一对 30 个问题进行回答。四是结合教师阅读需求，让一线教师结合文字以图解的方式表达对问题的认知和理解。

　　根据儿童发展以及游戏的教育学视角，我们将 30 个问题分为游戏的本质、游戏的环境、游戏与学习、游戏的支持、游戏中的两难五个版块（前三个版块基于儿童发展视角，后两个版块基于游戏的教育学视角），以五个章节呈现给大家。

一，游戏的本质。游戏是一种符合幼儿身心发展特点的独特的活动形式，在学前教育中，游戏是一个占有特殊地位的重要问题。如何定义和识别幼儿的游戏、游戏存在的意义、不同种类游戏的区别、游戏与课程之间的关系成为一线教师必须厘清的基本问题。本章在对"什么一定不是儿童游戏？""游戏有好坏之分吗？""游戏就是玩玩而已吗？""如何处理游戏中的输赢？""有自主性的游戏就是自主游戏吗？""角色游戏与表演游戏有什么区别？""户外游戏就一定是体育游戏吗？""如何处理游戏与课程的关系？""影响幼儿游戏的因素有哪些？"九个问题探讨中，拨开云雾，直抵游戏的本质，探寻游戏的真谛。

二，游戏的环境。环境是幼儿游戏所需要的基本条件。如何理解什么是丰富的游戏环境，如何进行空间规划，如何提供材料，是一线教师对幼儿游戏环境的整体、系统的思考。本章通过"丰富的游戏环境就一定能产生高质量的游戏吗？""在游戏环境创设中如何兼顾不同类型的游戏？""小空间如何玩出大游戏？""游戏材料越逼真越好吗？""低结构材料一定比高结构材料有价值吗？"这五个问题，探讨环境与游戏之间的关系及环境创设的方向，为游戏环境创设提供实践支点。

三，游戏与学习。游戏是幼儿的基本活动，在游戏中，幼儿积极主动地与周围的人、事、物进行互动，获得身心各方面的发展，幼儿的学习与游戏是分不开的。弄清游戏与学习的关系、教师在游戏中对幼儿学习与发展的作用成为一线教育实践中不可回避的问题。本章通过"游戏中一定有学习产生吗？""幼儿游戏中的学习有哪些？""儿童简单重复的游戏行为有价值吗？""嬉戏打闹有价值吗？""游戏中儿童的学习需要教师'教'吗？""开展新游戏前有必要为幼儿设计'与之相关的主题教学活动'吗？"六个问题，探讨幼儿游戏行为背后的学习，以及教师在游戏中对儿童学习与发展的作用。

四，游戏的支持。游戏是幼儿学习开始的地方，但不是所有的游戏都具有发展适宜性，教师在幼儿的游戏中扮演着重要且必不可少的角色——教师应成为幼儿游戏活动中的支持者、合作者、引导者。如何识别与观察、何时介入、怎样支持是教师助推幼儿游戏高水平发展的重要问题。本章通过"教师如何识别出可深入、持续推进的游戏？""游戏观察仅仅是看吗？""游戏观察需要有计划吗？""幼儿在游戏中发生争抢行为时，教师应该介入吗？""如何将幼儿的游戏与教师的教育预期相整合？"五个问题，探讨教师在支持幼儿游戏过程中应具备的关键认知。

五，游戏中的两难。幼儿园游戏具有"自然性"与"教育性"双重性质，使这两种看似矛盾的性质之间保持适当的平衡是幼儿园游戏干预中需要注意的基本问题。如何处理游戏中"自主"与"规则"、"玩"与"教"等问题成为一线教师实践中面临的特殊挑战。本章通过"在幼儿园游戏中规则和自主谁更重要？""区角游戏时，是否应该限制幼儿人数？""教师是否需要为幼儿预设角色游戏主题？""当幼儿'沉迷'某个区角游戏时，教师是否需要介入？""游戏中当幼儿能力发展不足时，教师应该让幼儿继续游戏，还是先发展技能？"五个问题，将教师在游戏开展过程中的两难问题逐一进行探讨。

我们将这本书定位为一线教师探寻和解决游戏困惑的工具书，书中不仅有一线教师朴素的观点阐释、生动的游戏案例描述，还有轻松的图解与对话。同时，我们还邀请专家和幼儿园园长为其中一些问题录制了微课视频，为广大读者提供更丰富多元和生动的信息，扫描书中二维码即可观看。

我们希望大家翻阅本书的过程，就是与实践对话的过程，是与同行共鸣的过程，也是自我提升的过程。我们期待，更多的幼儿教师能不断丰富自己的游戏理论与知识，提升自我的游戏观察与支持能力，在游戏领域中不断成为更专业、更好的自己。

一

游戏的本质

1. 什么一定不是儿童游戏？［微课］

不符合游戏特征的行为表现一定不是儿童游戏。游戏是幼儿自主、自愿、自发，伴随着积极情绪情感体验的活动，具有如下特征：

游戏具有内在动机性。游戏是幼儿主动的、自愿的活动。游戏过程中"怎么玩、和谁一起玩、玩什么"等都由幼儿自己选择，活动内容和活动方式也都由他们自己做主。

游戏具有非真实性。幼儿游戏是在假想的情景中反映周围生活。他们通过对游戏角色、游戏材料、游戏情景的假想，不断在真实的自我和假想的自我中转换。

图 1-1

图 1-2

游戏具有过程导向性。幼儿游戏只关注游戏本身，是为了好玩而游戏，只重视游戏的过程，不重视游戏的结果。幼儿在游戏的过程中能获得学习与发展，但这种发展不是他们在游戏中有意追求的目的。

游戏伴随积极愉悦的情感体验。幼儿游戏时愉悦的情绪体验可能表现为笑、手舞足蹈，也可能表现为安静、严肃，或者是他们愿意做的某个动作或活动，总之，幼儿在游戏中的情绪体验是积极、愉悦的。

根据幼儿游戏的基本特征可知：当幼儿被迫从事一件自己不喜欢、不愿意从事的活动时，他们的状态是非游戏的，甚至是痛苦的。这些活动往往是违背幼儿的兴趣、需要、意愿、学习与发展规律的，是受成人直接控制、直接影响的。**例如：晨间游戏时间，教师指定幼儿在固定的区角，按照固定的主题、固定的分工进行"游戏"，这是属于"教师的游戏"，并非"幼儿的游戏"。**

图 1-3

图 1-4

3

2. 游戏有好坏之分吗？[微课]

微课 1-2（高翔）

游戏本身没有好坏，所谓的好坏指向游戏的"结果"，而结果取决于游戏者的游戏方式、游戏行为和情绪状态等。**比如积木游戏中，游戏者将手中的积木砸向同伴，嘴里还说着"你走开，我们不要和你一起玩"，这导致同伴受伤。积木游戏本身是"好游戏"，但游**

你走开，我们不要和你一起玩。

图 1-5

戏者不恰当的游戏行为导致了"坏结果"。

游戏的"好坏之分"还取决于游戏评价者的主观判断，受其儿童观、游戏观及自身游戏经验的影响，具有不同游戏视角的评价者对游戏的现象有着不同的认识。**例如：晨间游戏时，嘟嘟把美工区的一筐瓶盖材料打翻在地，他慌张地看了看老师。老师理解他的不小心，并对他说道："看起来，这还有点好玩呢！"一旁的甜甜马上回应道："像烟花！"听完甜甜的话。嘟嘟马上补充："像彩色的雨。"于是，这场看起来有些混乱的肇事，在老师的激发下，变成了有趣的游戏。孩子们有的匍匐在地，在瓶盖堆里游泳；有的躺在铺满瓶盖的地上睡觉；有的把瓶盖向上抛起；有的将筐里的瓶盖倾倒在地上；还有**

的将瓶盖从头上淋下去，倒在同伴的身上，嘴里还激动地说着："下雨啦！下雨啦！"或许有的老师难以忍受，认为这是一个很糟糕的游戏，但有的老师认可适度凌乱的游戏，认为这是在既定的游戏阶段中幼儿学习与发展的必经之路，并适时回应，让幼儿的游戏从一场看似"混乱"的游戏中不断发展为持续性的"好"游戏。

教师对游戏的评价不能局限于结果的比较与衡量，更应该看到幼儿在游戏中与材料、同伴、教师的互动中表现出的自身优势，形成对自我的正确认识和期望。对游戏的评价要围绕幼儿的发展情况及实际问题进行评价，不断实现游戏激发幼儿、支持幼儿、促进幼儿、发展幼儿的功能和价值。

图 1-6

虽然有点乱，但孩子们另类的瓶盖玩法还是很值得支持的。

3. 游戏就是玩玩而已吗？［微课］

微课 1-3 (鄢超云)

　　游戏不只是玩玩而已。游戏是幼儿的天性，幼儿喜欢游戏就像鱼儿离不开水一样，游戏就是他们生命存在的基本样态。同时，游戏也是幼儿主要的学习方式，**例如：当两个孩子正在合作搭建一座城堡时，积木本身所具有的几何特性，可能促使他们去建构关于数学的关键经验；建构的作品可能会倒，**他们可能需要去解决平衡的问题，**从而建构起物理经验；当两个孩子的意见不统一，他们可能要彼此协商，学会去采纳别人的观点，从而建构起社会性经验。**因此，游戏不仅仅是玩玩而已，游戏为幼儿提供潜在的学习机会，对幼儿的发展具有重要作用。

　　游戏能促进幼儿身体的发展。游戏中可

> 我来搬积木，你来搭建吧！
>
> 好的，这样我们可以合作搭建一座漂亮的城堡。

图 1-7

> 我们试试单脚跳格子吧。
>
> 好呀，谁的另一只脚先着地谁就输啦！

图 1-8

以自由地变换动作和姿态，幼儿身体的各个器官处于积极的活动状态。游戏能促进幼儿神经、骨骼、肌肉等身体机能的生长发育，也能促进幼儿基本动作的发展。**例如：幼儿在"跳格子"游戏中，获得走、跳、屈腿、弯腰等身体动作的发展，促进身体动作的平衡与协调。**

　　游戏能促进幼儿认知的发展。游戏能满足幼儿好奇、好玩的天性，能唤起幼儿的兴趣和注意力，激发幼儿积极地感知、观察、注意、记忆、探究和想象，为幼儿提供发现问题和解决问题的机会，帮助幼儿认识和理解世界。**例如：在"找不同"的游戏中，幼儿通过发现两个物体的不同之处，获得注意力、观察力的发展。**

　　游戏能促进幼儿社会性发展。游戏中幼儿与同伴合作、交往，要学会处理与同伴之间的矛盾，学会分配游戏任务，学会认识自我和调控自我的行为，完成初步的社会化过

这两只小兔子到底哪里不一样呢？

图1-9

程，获得社会能力的发展。**如：幼儿在"老鼠嫁女"的表演游戏中，自主决定通过比赛的方式分配角色，比赛失败后学会自我调适等。**

　　游戏能促进幼儿良好品质的发展。游戏是幼儿自主自愿的活动，过程中能充分调动幼儿的积极性，为了能够达到游戏目的，幼儿能够愉快自主地接受游戏中的挑战，克服游戏中的问题与困难，获得坚持、专注、勇

图 1-10

图 1-11

敢等良好的学习品质。**例如：在"不一样的房子"的游戏中，大山为了能够用小号子弹头拼出一个有螺旋状花纹的房子，在很长一段时间的晨间游戏中，都能持续专注地探究和拼插。**

游戏是幼儿的基本活动，不仅对幼儿的发展具有重要价值，同时游戏中也蕴藏着丰富的教育契机。**例如：在教师的欣赏与互动中，大班的阿布专注地制作陀螺。他陶醉其中，先用一根较长的材料做了一个比较大的陀螺，又用较短的一根材料做了一个比较小的陀螺，大陀螺的中间部分有一个较小的平面，在大陀螺转起来后，可以将小陀螺放在大陀螺上面转动。阿布这样的组装实现了一次转动两个大小不同的陀螺的可能性，创造出一个全新的"双陀螺"。阿布成为了班级陀螺游戏推进者，游戏不断持续深入地发展，孩子们在游戏中不断探究用不同材料制作各种造型、各种玩法的陀螺。每种玩法背后都**

图 1 - 12

我们来制作一个"双陀螺"吧。

好呀，"双陀螺"可以一次转动两个不同的陀螺。

蕴含着孩子们的观察、想象与创造，可以看到孩子们并不是熟悉了制作方式后，每天如小工匠一般程序化地操作，他们在其中表现出极大的学习积极性与自主性，他们制作新作品、创造新玩法，从摆弄游戏材料走向创造游戏玩法。

　　游戏中，幼儿通过与环境、材料、同伴、教师之间的互动，获得身体、认知、社会性、良好品质等的发展。游戏中，幼儿通过发现问题、解决问题，在持续发展中不断学习。因此，游戏不只是简单地玩玩而已。

4. 如何处理游戏中的输赢？[微课]

微课 1-4 (鄢超云)

当幼儿按照一定规则游戏时，游戏便产生了竞争性，存在输和赢的不同结果，教师要关注输赢背后蕴含的不同教育价值。**例如： 在一次接力跑的游戏中，班上幼儿被分成男孩组和女孩组进行比赛，在人数相当的情况下女孩组赢了，所有的女生都开心地欢呼，对着男孩喊："你们输了。"男孩听到后不服气，对着女孩喊："你们才输了。"男孩和女孩开始相互对着喊："你们才输了。"**

在这样的游戏背景下，教师采用了如下的引导策略： 一是强化过程，弱化结果。引导幼儿关注游戏中的付出和贡献，分享成功的经验和有效的方法，增强自我效能感。**老师见状说道："输赢没关系！今天我们分成了两组进行练习，我看了整个过程，我觉得**

其实男生跑得并不慢，但为什么最后女生先跑完呢？"有的男孩大声地说："因为有人掉棒了！""哦，因为在接力的时候男生组有伙伴掉棒了，所以浪费了一些时间，而女生这边始终没有人掉棒，最后女生就先跑完了，那现在我们请女生来分享一下她们不掉棒的经验。"于是，老师请小米上来分享，她说"我看到云朵跑过来，就先把手伸出来了，她拿的是红色的地方，她给我的时候我就拿白色的地方。"

二是强化品质鼓励，弱化物质奖励。教师评价幼儿游戏时，要重点评价幼儿在游戏中体现的积极的学习态度、良好的意志品质等，切忌仅用物质刺激来强化竞争的结果。**小米分享结束后，老师点评道："小米刚刚**

图 1-13

说得非常好，我们在等待的时候，看到对面的朋友跑过来，我们的右手就要伸出来等待，对面的朋友拿接力棒红色的部分，我们接的时候就要拿白色的部分，拿到接力棒马上跑出去。我觉得今天男生虽然跑得慢一些，但他们其实也没有输，因为掉棒的男生在掉棒以后并没有放弃，而是立即把棒捡起来继续向前跑，其他的男生也在为他加油，这种勇敢、坚持不放弃的精神非常值得我们

所有人学习，我们一起为坚持不放弃的男生鼓掌吧！"

三是关注情绪疏导，倡导游戏精神。教师要关注幼儿失落和悲伤等消极情绪，积极疏导并培育幼儿适宜的心理弹性，引导幼儿关注游戏本身的游戏性和趣味性，而不是关注输赢的结果。**最后，老师告诉孩子们："游戏的输赢并没有那么重要，只要我们在比赛中很开心、有收获就很棒，我们相互抱一抱，感谢一下自己的队友和对手吧！"**

幼儿在输和赢中都可以获得不同的体验和经历。赢者能够体验成功感、胜任感和愉悦情绪，总结成功的经验和方法；输者需要积极调适自我情绪，总结反思并汲取同伴的有益经验，培养不畏困难、勇敢、坚持等品质。

图 1－14

5. 有自主性的游戏就是自主游戏吗？

有自主性的游戏不一定是自主游戏。自主性是幼儿游戏的基本特征，游戏是幼儿自主、自发、自愿的活动，所有的游戏都应该有自主性。**例如： 大班益智区里的五子棋游戏，并不是一个自主游戏。但孩子们在游戏过程中通过自主探索发现不仅横、竖两个方向可以五子相连，斜线也可以五子相连。同时在熟悉了五子棋规则，满足了当前游戏需要后，还自主创造"四子棋"、"围"棋、"弹"棋等不同的游戏玩法，还在两人对战的基础玩法上，升级成两两组队、四人对战的游戏玩法。从选择、参与到推进、创造游戏的过程中，幼儿自主性贯穿始终。**

自主游戏是从游戏分类的角度提出的概念，是相对于规则游戏而言。自主游戏是幼儿在一定的游戏环境中根据自己的兴趣和需

图 1-15

要，自主确定游戏主题、自由选择游戏材料、自发合作与互动的积极主动的活动过程。自主游戏的核心是不受既定游戏场景、游戏经验、游戏规则的限制，自由开展游戏活动。**例如： 体操垫在体育游戏中可以成为幼儿跳跃的垫子，在自主游戏中可以成为幼**

13

儿搭帐篷的材料。在沙水游戏中，幼儿自主确定挖小河、搭小桥的主题，然后在河道挖掘成功后，选择小木棒、雪糕棍、扭扭棒、长尾夹等材料和同伴一起进行小桥的建构。

无论是自主游戏还是规则游戏，都应该具有自主性的基本特征。自主性游戏不等同于自主游戏。我们要深入地了解幼儿，最大限度地挖掘幼儿的发展潜能，为幼儿自主性的发挥创设条件和机会，从而达到促使幼儿主动学习、主动内化、主动发展，成为学习的主人。

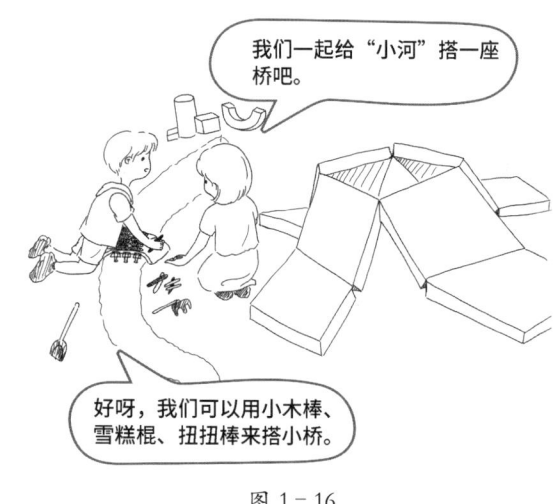

图 1-16

6. 角色游戏与表演游戏有什么区别？

角色游戏与表演游戏都属于象征性游戏或想象游戏，二者在角色扮演、象征手段等方面有相似之处，但在主题与内容的来源、结构性与规则上存在着一定的差别。

内容上，角色游戏来自幼儿的现实生活经验（如家庭和社会生活经验），**例如娃娃家、医院、餐厅、商店等**；表演游戏来源于故事（如文学作品和幼儿根据自己的经历和想象创编的故事）。**例如：观看了《小公主》的动画片后，女孩子们便把珠宝店变成了公主屋，还从家里带来了公主服、披风、魔杖等，开始扮演公主的角色，再现剧中的情节。**

从结构性与规则上来说，在角色游戏中幼儿可以自主决定游戏的主题、内容等。表

我是美丽的公主。

图 1 - 17

演游戏中，既定的故事规定了游戏的基本框架，幼儿表演的故事情节、内容均根据作品展开，即表演游戏具有比较明显的结构性和规则。**例如，表演游戏"冰雪奇缘"里的故**

事情节： 艾莎用魔法冰封了王国（地上洒满棉花），妹妹安娜和麋鹿一起寻找姐姐（一个幼儿坐在滑板上，另一个幼儿在后面推着滑板绕圈），找到了雪宝（在躲迷藏），一起打败雪地里的怪兽（把怪兽变成雪糕吃进肚子里），最后与姐姐回家（开冰雪飞机）……既有根据原有剧情展开的内容，也有根据自己的理解创造性地使用材料和创新的情节。

> 我是艾莎公主，我要施魔法冰封整个王国。

图 1-18

从角色游戏到表演游戏，我们看到幼儿创造的潜力与多元表达的智慧。他们在用自己的方式让"游戏性"贯穿着表演的始终，将表演游戏变得更有趣、更好玩。

表 1 角色游戏与表演游戏对比表

	角色游戏	表演游戏
主题和内容来源	源于幼儿的现实生活经验（如：过家家、串串店等角色游戏主题）	源于各类文学作品和幼儿想象创编的故事（如：小蝌蚪找妈妈）
结构性与规则	幼儿可以自由选择和切换游戏主题和内容	已有故事规定了游戏的基本框架

图 1-19

角色游戏：成都小吃店

图 1-20

表演游戏：小青蛙找妈妈

7. 户外游戏就一定是体育游戏吗？ ［微课］

微课 1－5 （高翔）

户外游戏不仅仅是体育游戏。户外游戏是在室外进行的所有游戏的统称，强调提供给幼儿充足的空间、丰富的活动材料，让幼儿充分接触大自然，促进其动作、思维、意志等多方面的发展。**例如：户外玩沙玩水、户外木工游戏等都是户外游戏。**体育游戏则在室内外均可进行，其中包含着奔跑、跳跃、攀登等动作，是锻炼幼儿身体动作、提升幼儿身体机能的健体活动。

在户外游戏中，幼儿自主性更强，教师在组织户外游戏时，需要重点关注游戏材料的丰富程度，给予幼儿发挥的空间，让幼儿有机会获得科学领域的知识与技能。**例如：在户外游戏"奇怪的立交桥"中，孩子们正在利用泡沫积木搭建房屋和公路。童童用积木在草地上摆拼了一架立交桥，但是可可说："你搭的不是立交桥，立交桥的中间是空的，才不是这样挨着地的。"童童说："可是我这个积木太大了，找不到能够把它架起来的东西了。"老师听到了，走上前来问童童："那有没有其他材料可以把积木架起来**

哈哈，你看我钓了一条小鱼。

图 1－21

呢？"在老师的启发下，童童用奶粉桶、牙膏盒和卷纸筒等多种不同的材料做了大大小小、高高低低、形状不一的立交桥。童童在户外建构游戏中，发展的侧重点并非身体动作，而是在与材料、环境的互动中，获得建构技能与创造力等方面的发展。

图 1-22

体育游戏的活动目标更侧重幼儿身体体能的锻炼，强调促进幼儿动作灵活性、平衡性、协调性等方面的发展。此外，体育游戏不仅可以促进幼儿骨骼肌肉、内脏器官和神经系统的发育，也能培养幼儿良好的意志品质。**例如：在体育游戏"翻越桥架"中，老师首先给孩子们创设了情境，想象自己是勇敢的小兵，要翻越到桥的另一头去，还给游戏增加了障碍物，孩子们要跳过小土堆、爬上梯子，走过独木桥，最后利用滑梯滑下来，到达终点。游戏开始，辰辰在独木桥上走得很慢，他很想走得快一点儿，可是因为害怕摔下来又不敢，着急得快哭了。老师安慰他说："没关系，按照你自己的速度慢慢来，不要着急，大胆往前走。"**在"翻越桥架"的户外体育游戏中，教师创设情境、利用障碍物，重点在于锻炼幼儿攀爬、跳跃等方面的能力，增强幼儿体质，培养幼儿勇敢的品质。

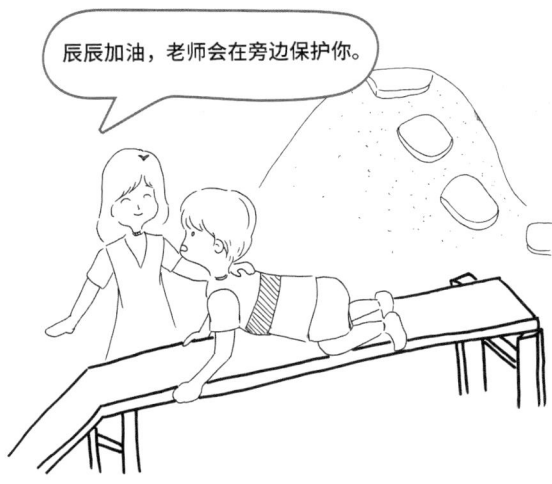

图 1 - 23

8. 如何处理游戏与课程的关系？[微课]

微课 1-6（黄洁）

游戏与课程是相互渗透、相互影响、相互融合的关系。游戏可以生成课程，课程也可以生成游戏。游戏既是课程的内容，更是实施课程的方法与途径。课程既是游戏的过程，又是实施游戏活动的经验整合。

处理好游戏与课程之间的关系，一是要学会发现幼儿在游戏中的兴趣和需要，挖掘游戏中的学习生长点，发现游戏中的问题，以兴趣或问题为引子，激发幼儿在游戏中深度学习，构建和引发新的课程。**例如：在户外大积木游戏中，幼儿发现"自己的建构作品总是会被碰倒"，而且游戏时间结束就要将建构作品拆掉。有幼儿提出："如果我们搭建的作品会动就好了，可以推着它玩，不玩的时候也可以推到角落，这样就不会被碰倒**

了。"这一兴趣点被老师发现，老师和孩子们一起讨论："建构作品怎么才能动起来呢？"接下来，老师和孩子们一起研究"什么物品会动""会动的物品有哪些特征""建构会动的作品需要哪些材料"……在潜移默化中游戏与课程相互融合，幼儿在真实的情景中感知、操作和体验，获得"建构技能、分析建构作品、认知材料特性"等新的知识经验。

二是要把幼儿的学习需要和兴趣适时地纳入到课程中，根据幼儿实际经验进行调整，从而生成新的游戏，使课程自然融入游戏之中，让课程具有计划性和灵活性。**例如：随着孩子们在游戏中经验的丰富，会动的小汽车诞生了，接着出现了进化版会动的**

小汽车，最后利用会动的小汽车进行角色扮演。在游戏过程中，老师将孩子的需要与兴趣融入课程，在课程中又产生了新的探究活动："还有什么会动？""爱心小屋能动吗？""屋子里的桌子、凳子能动起来吗？"……游戏与课程相互交织，相辅相成。

　　三是在日常活动中，关注幼儿的整体生活，抓住生活、游戏和偶发事件中隐含的教育价值，最大限度地将游戏与教育因素融合在一起，用生活化、游戏化的方法激发幼儿学习的主动性、积极性，让课程内容贴近幼儿的生活和兴趣，不断帮助幼儿建构完整的经验体系。

图 1 - 24

9. 影响幼儿游戏的因素有哪些？

幼儿的游戏受诸多因素影响。游戏时间的长短、空间布局、空间大小，游戏材料的层次性、多样性等因素及幼儿自身的经验水平、社会关系都会影响幼儿的游戏。

在游戏的时空、游戏的材料等物质保障方面，有研究表明，幼儿高水平的游戏出现在 30 分钟以后，游戏机会与时间是幼儿开展游戏活动的重要保障。游戏场地的大小、室内还是室外、场地的结构、空间的密度等都会对幼儿游戏产生重要的影响。游戏材料也会对幼儿游戏的性质与内容产生影响。同伴关系、亲子关系、师幼关系也同样影响儿童游戏的发展。

游戏中幼儿已有认知和个性方面，不同年龄段幼儿的认知特点和发展水平不同，幼儿在游戏材料、环境以及教师支持等方面的需求也不相同。不同个性的幼儿具有不同游戏风格，有的幼儿注意力集中、有主见，喜欢摆弄和探究实物。有的幼儿社会性取向较强，喜欢角色扮演与想象。性格活泼好动的幼儿喜欢与同伴一起游戏；性格内敛的幼儿则不太容易加入同伴的游戏中。**例如： 大班四个孩子正在玩餐厅的游戏，他们有的忙碌着做烧烤串，有的忙碌着整理菜单，有的则在招呼客人。丁丁远远地看着他们的游戏，他一点点地走近，但当他发现老师正在看他时，又退回去了。几分钟后，他又向餐厅靠近了一点，来到餐厅游戏区域的外围，他拿起了一本菜单站在那，游戏中的一个男孩看到了，抢走他手上的菜单，说： "我要这个。"**

丁丁看着这个男孩，后退并离开了。他又去了美工区做美工，却不断观望着那群正在玩餐厅游戏的孩子。

案例中，老师提供了丰富的游戏材料，设置了餐厅的游戏主题，幼儿有足够的时间发展游戏主题，有足够的空间开展舒适的小组游戏，这样似乎幼儿就可以自然而然地一起游戏，但是，性格内敛的丁丁在这样的游戏环境中，虽然对游戏很感兴趣，却没有办法自己加入同伴的游戏。因此，幼儿个体经验与游戏时所遇到的挑战也会影响幼儿的游戏。

二

游戏的环境

1. 丰富的游戏环境就一定能产生高质量的游戏吗？[微课]

微课 2-1 （余琳）

高质量的游戏需要丰富的游戏环境作支持，但是丰富的游戏环境不一定能产生高质量的游戏。

> 我不想玩变脸的游戏。

图 2-1

我们在许多幼儿园见过这样的场景，区角堆积的游戏材料种类繁多、形象逼真，却看不见幼儿专注的游戏状态和可持续的探究行为，这样的环境便不能称其为游戏环境丰富。如果我们仅仅将丰富的游戏环境狭义地理解为物质环境，甚至偏激地理解为物质材料，那么，这样的环境不一定能产生高质量的游戏。**例如：大班的美工区里，老师提供了花生壳、核桃壳、吸管、棉签、纸杯等丰富的游戏材料，但是很长一段时间里，美工区都无人问津。老师疑惑，便问孩子们："美工区这么多材料，你们为什么不喜欢去玩呢？"淼淼说："这些材料太简单啦！"嘟嘟说："这些东西我们都玩腻了，玩不出新花样了。"了解到孩子们的想法后，老师便和孩子们一起到美工区游戏，去探究和发现材料之间的链接、多元的运用，并基于材料为孩子们制作了一本作品册，孩子们可以将美工**

区的作品照片展示在作品册里，和伙伴们一起分享自己的制作成果和制作经验。

图 2-2

　　可以看出，幼儿园丰富的游戏环境不仅包含物质层面，还包含心理层面，它既能满足幼儿学习和发展的需要，引发幼儿多样探究，丰富幼儿游戏经验，同时还能给幼儿带来被接纳、被认可的安全感和胜任感。这二者兼具的游戏环境才更容易产生高质量游戏。高质量游戏的产生是材料适宜、兴趣适宜、发展适宜的，它需要有充分的空间支持幼儿合作互动，需要有充足的时间支持游戏深入发展，需要有适宜的材料支持幼儿操作探究，需要有安全开放的心理氛围支持幼儿自主探究。

2. 在游戏环境创设中如何兼顾不同类型的游戏？

在游戏环境创设中兼顾不同类型的游戏，可以尝试从明确游戏定位、布局意识整合、材料开放可变、兴趣导引共构等方面着手。

明确游戏定位： 教师在创设环境之初要清楚幼儿园常见的游戏类型，如角色游戏、表演游戏、建构游戏和规则游戏。不同类型

老师，我们好喜欢在披萨店做披萨。

尝尝我做的夏威夷披萨！

图 2-3

游戏的特点决定了游戏环境创设的多元性，只有厘清不同类型游戏对幼儿发展的独特价值，才能根据游戏发展的特点及幼儿的兴趣点，探寻其可共生之处，制定相应的创设计划。

游戏区域整合： 主题活动是综合各类型游戏的有效手段。游戏环境创设可以与主题相结合，充分利用主题活动资源与成果，用整合的思维方式布局，充实游戏环境。**例如：主题活动"怪兽王国"便是将建构游戏、角色游戏、表演游戏有效结合。孩子们从小班开始就对怪兽很感兴趣，进入大班后，老师根据孩子的兴趣，对班级区角环境进行创设，将孩子们制作怪兽宝宝的想法与美工区结合：运用美工区的材料制作小怪兽；将孩子们修建怪兽房子的想法和建筑区**

图 2-4

这里是有怪兽商店、怪兽小区的"怪兽王国"。

结合： 运用建筑区的材料修建怪兽小区，这样，美工区的小怪兽就可以住进建筑区的怪兽小区里；将孩子们设计的怪兽钱币和角色游戏怪兽超市相结合：在怪兽超市中运用怪兽钱币。

材料开放可变：游戏材料的摆放应是开放式的，让幼儿触手可及，这样可大大提高幼儿选择材料的自由度，也有利于区域之间的整合与流动，形成互通和共享。同时，投放的游戏材料要具有操作性、探索性、层次性、多样性，符合幼儿现实经验和已有水平，以满足不同发展水平幼儿的需要。**例如：老师在班级投放的泡沫积木、百宝箱和各种不同形状、不同大小的纸箱，既可以是建构区的建构材料，也可以是表演区的表演材料。游戏材料可以在不同区角之间相互转换，同一种材料可以在不同区域产生不同的价值，让游戏材料"活"起来，才能促进幼儿的自主学习与发展。**

图 2-5

泡沫积木、百宝箱可以是建构区的建构材料，也可以是表演区的表演材料。

兴趣导引共构： 兴趣是最好的老师，不同类型的游戏可能产生不同的问题，班级环境创设时可以围绕幼儿感兴趣的主题，让幼儿在游戏开展的过程中共同收集材料，在与材料互动的过程中不断丰富环境，在不断的自主探究、猜想验证、形成经验过程中完善游戏环境。

3. 小空间如何玩出大游戏？[微课]

微课2-2（鄢超云）

空间的大小是个相对值，当我们认为游戏空间不足时，需要适当地删繁就简、拓展墙面空间、开发顶面游戏或延伸室外区域，能从不同维度实现小空间的拓展和功能整合，

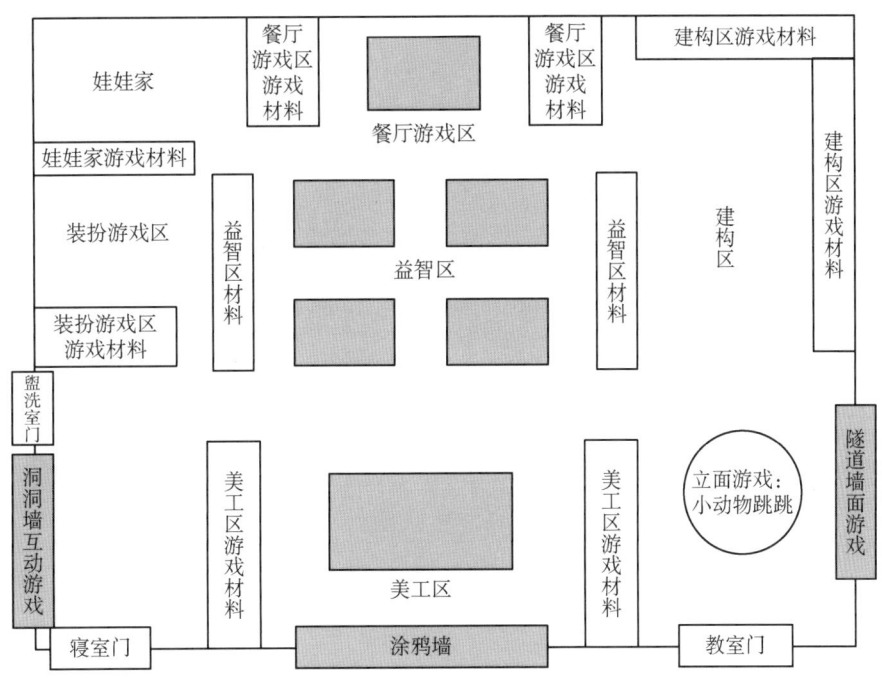

图2-6　班级空间布局图

最大化利用空间，整合三维，支持幼儿玩出大游戏。

第一，一物多用。室内的桌椅融入到区角布置中，既能是餐桌椅，也能是游戏桌椅，还能充当区域隔断。**如：游戏时将桌椅变成孩子们进行美工游戏、益智游戏和餐厅游戏的游戏桌椅；开餐时，它们又变回餐桌椅啦。**

空间是最容易被忽略的空间，但只要能错峰利用，顺时而变，也能成为多样的游戏空间。**如：教室门厅顶面区域，晨间时段保持畅通，游戏时间可变成悬挂玩具的弹力皮筋游戏区。**

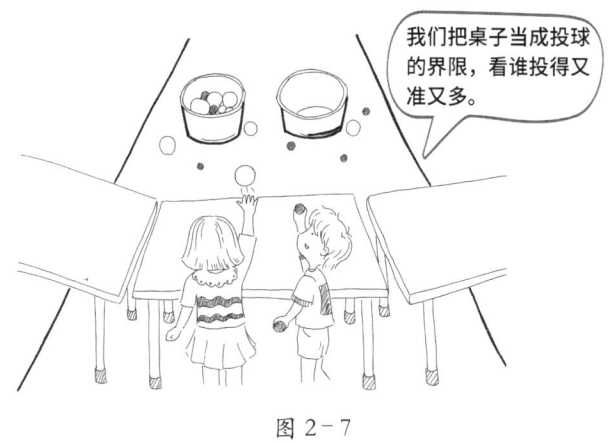

图 2-7

图 2-8

第二，拓展墙面空间。墙面是不可多得的游戏探索空间，可变成有主题的隧道墙或洞洞墙，实现幼儿随处可游戏的愿望。顶面

第三，延伸室外区域。室外空间是最容易延伸的游戏区域。如：教室外的走廊、阳

台均可利用。阳台是种植宝地，将种植区搬到阳台上，孩子们便能随时观察、记录植物的生长。**例如：** 在《嘉阳的 18 次挑战》一书中，刚开始嘉阳和少数的孩子在教室内利用竹块、数字木块探究如何搭建更长、会转弯的多米诺骨牌。但是，第 7 次挑战的时候，更多的孩子参与到多米诺骨牌游戏中，并且多米诺骨牌搭建的范围越来越大，教室的空间已经不够用。于是，老师将班级门口的升旗台利用起来，建议孩子们将游戏从室内搬到室外。室外搭建多米诺骨牌，给予更多孩子参与游戏的可能，提供同伴交往与合作的机会，更为后来孩子们用多米诺骨牌挑战搭建大圆、三角形、一座城市提供空间上的支持。

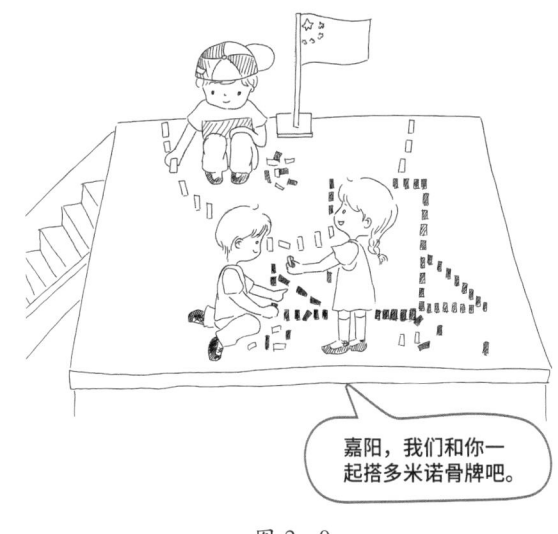

嘉阳，我们和你一起搭多米诺骨牌吧。

图 2-9

4. 游戏材料越逼真越好吗？［微课］

微课 2-3（黄洁）

这个问题不能一概而论。幼儿游戏对材料逼真程度的需求要根据幼儿的年龄特点、认知经验、游戏类型、游戏发展阶段等方面的不同而确定。

第一，从幼儿的年龄特点及认知经验与材料的逼真程度之间的关系来看，不同年龄段、不同认知经验的幼儿对材料逼真性的依赖不同。小班幼儿的思维具有具体形象特点，逼真的游戏材料更容易引发他们的游戏兴趣和已有经验。但是，随着年龄的增长，思维和想象力的发展，幼儿游戏时会不断降低对材料逼真性的依赖，他们可以通过替代物展开想象进行游戏，这种材料的不确定性也是游戏的魅力之一。**例如：小班娃娃家的奶瓶是逼真的，唤醒幼儿熟悉的生活经验；**

中大班的奶瓶可能是卷筒纸芯、积木块，甚至是一支笔……因此，对于中大班的幼儿，多样化的低结构游戏材料更能引发其替代表征，教师需要理解幼儿对这类材料隐性价值的利用，促进幼儿在游戏中的学习与发展。**例**

又香又甜的三明治做好啦！

图 2-10

如： 在中班区角活动中，幼儿们在娃娃家自由地玩耍着，做汉堡、炸薯条……幼儿们都各自忙碌着。突然，小熊看见了旁边的编织筐里有很多三角形、圆形和正方形的积木，小熊拿起一块，放进一个小盘子里，看了看之后，又去拿了几块放在小盘子里，直到用三角形积木把小盘子摆成了一个大圆，然后，放进娃娃家的微波炉里面，过了一会儿，小熊打开微波炉把小盆子端了出来，从里面拿了一块出来说："老师，这是我给你烤的三明治，快吃吧。"

第二，从游戏类型与材料的逼真程度需求来看，逼真的游戏材料和玩具可以引发某种特定的游戏，**例如： 积木可以引发幼儿的建构游戏；娃娃家玩具或医疗玩具等可以引发幼儿进行角色扮演游戏。**因此，教师在组织特定的游戏时，可利用逼真游戏材料的独特优势，让幼儿的游戏体验和发展自然而然。

没有小朋友来看病，我就给布娃娃看病吧。

图 2 - 11

第三，从游戏的发展阶段来确定材料的逼真程度，在游戏刚开始时，逼真的游戏材料能够引发特定的游戏，能够吸引幼儿的参与，能够支持缺乏游戏经验的幼儿进行游戏。随着游戏的不断发展，幼儿的游戏水平不断提升、经验不断积累，教师应当逐渐减少逼真的游戏材料，逐步增加需要想象、替代的材料。**例如： 刚刚开始玩餐厅游戏时，**

幼儿利用老师制作的包子、饺子、三明治等较为逼真的材料开展游戏活动，随着游戏的推进，一些顾客点的食品是逼真材料里没有的，于是孩子开始用其他材料替代，比如用瓶盖装在盘子里做沙拉，用雪花片做薯片，用方形的积木块做蛋糕等。

图 2 - 12

材料唤起了孩子们已有的生活经验，游戏过程也不断丰富着游戏材料，推进游戏多元发展。

5. 低结构材料一定比高结构材料有价值吗？［微课］

微课 2-4（鄢超云）

低结构材料不一定比高结构材料有价值。材料是支持幼儿开展游戏活动的物质媒介，低结构材料和高结构材料在不同的情境中都有其不同的价值与作用，能满足不同能力和有不同需求的幼儿发展。

高结构材料目标指向性较强，蕴含着已建构好的知识体系，隐含一定的游戏规则。**例如： 幼儿园益智区棋类玩具属于高结构。**低结构材料的玩法不固定、可塑性强、功能多样、可持续操作性强，更能引发幼儿的创造性发展。**例如： 绳条、面团、纸盒等。**

对于低年龄段幼儿而言，高结构材料更贴近他们的最近发展区，能够唤起幼儿的已有经验，激发幼儿的游戏灵感，为他们的游戏搭建桥梁。**例如： 小班的孩子喜欢在娃娃**

谁的点数大，谁就先下一步棋。

图 2-13

家扮演自己喜欢的角色，有的在做饭，有的在看书，有的在玩玩具。豆豆抱着一个小娃娃，她一会儿用杯子给娃娃倒水喝，一会儿给她穿袜子，一会儿哄她睡觉。旁边的"爸

图 2-14

低结构材料更能引发幼儿自主学习、探究行为，支持幼儿玩出不一样的游戏。**例如：在交通游戏中，幼儿用纸盒自制刷卡机。**

图 2-15

爸"正在打电话："好的，我女儿睡觉了，我先挂了。""爸爸"放轻了自己的动作，过了一会儿豆豆说："你醒啦，怎么哭了，应该是饿了吧？"豆豆把娃娃抱起来放进婴儿车里面，模仿着平时妈妈喂她喝奶的动作，拿着奶瓶摇了摇，放进了娃娃的嘴里并说："乖，吃了就不饿啦！乖乖吃饭就会长得和我一样高。"

对于游戏经验丰富、自主性强的幼儿来说，低结构材料比高结构材料有价值，因为

高结构材料与低结构材料在运用时没有严格的界限，也并非一成不变。随着幼儿年龄的增长、认知水平的发展，在游戏过程中，高低结构材料发生转化也是常有的，即高结构材料低结构化。因此，教师需要发挥不同游戏材料的独特价值，丰富材料类型，以满足不同能力幼儿的需求。

三

游戏与学习

1. 游戏中一定有学习产生吗？

当游戏时间充足，游戏空间丰富，游戏者能自发、自主选择游戏主题、游戏玩伴、支配游戏材料，游戏中能够接受适当的挑战，运用已有的经验解决游戏中的问题，或者整合已有的经验，获得新的经验，这样的游戏往往就有学习产生。

由于幼儿的个体差异，同一个游戏，不一定每个幼儿都有学习发生，也不一定每个阶段都有学习发生。幼儿在简单重复的游戏中，会对自己已经熟练掌握的知识与技能不断重复，这样的重复如果只是为了获取简单、愉悦的体验，那么，这样的游戏过程就不一定有学习发生。**例如：在大班的户外玩沙游戏中，泽泽本来的游戏目标是"造一个温泉"，他努力用铲子在沙池中间挖了一个沙**坑，接着他找到一个竹筒从沙池旁边的水池里打水，他一次又一次用竹筒从水池里取水倒入沙坑，沙坑里的水也不断流失，泽泽并没有关注到沙坑里水为什么会流失，而是在接下来的几次户外玩沙游戏中，一直重复用竹筒打水的行为，似乎已经忘记了自己原来的游戏目标。对于大班的泽泽来说，"用竹筒

我要造一个温泉。

图 3-1

打水"这样简单的游戏技能他已经完全掌握，他不断重复这样简单的游戏行为仅仅为了获取简单、愉悦的游戏体验，并没有更多的探究和学习发生。

此外，游戏中所需要的知识、技能、经验等完全超出幼儿的能力范围，游戏使他们感到不适、紧张，甚至会逃避和放弃，这样的游戏也很难有学习产生。**例如：在小班的建构游戏区，老师投放了许多比较重且体积**较大的积木，并且在墙面粘贴了搭建"大型长城"的步骤图。晨间游戏时，老师告诉孩子们："想要到建构区玩的小朋友，大家要按照墙上的步骤，搭建一座又长又壮观的长城哦！"可是，此后很长时间班级建构区一直无人问津。小班幼儿的建构游戏特点是对建构动作感兴趣，且建构时无意识、无目的，不会事先构思建构的主题，老师在建构区提供重且体积大的积木，并且规定了幼儿的建

图 3-2

需要修建"大型长城"的小班建构区无人问津。

构主题，这样的游戏所需要的知识、技能已经完全超出小班幼儿的能力范围，因此班级建构区出现了无人问津的现象。

我们知道，游戏反映发展，游戏巩固发展，游戏促进发展，对于幼儿的终身学习有益。作为幼儿教师，我们必须要正视游戏中的学习，幼儿有目的、复杂的、能够聚精会神的高水平游戏离不开适宜的环境和成人的适当支持。我们在支持幼儿游戏时，既要通过游戏满足幼儿的娱乐需要，也要实现其教育功能，让游戏真正成为高质量的、有益于幼儿学习与发展的活动。

2. 幼儿游戏中的学习有哪些？

游戏是幼儿学习的主要途径。游戏中，幼儿与周围环境互动，通过实际操作、亲身体验去模仿、感知、探索，不断建构自己的理解和认知，从而实现全面多元的学习。

一是获得语言与交流的发展。语言是幼儿在游戏中理解分享经验的工具，他们和同伴一起用语言故事分享、商量角色，用符号和绘画记录游戏中的发现。

二是社会情绪的发展。幼儿在游戏中能够了解和体验情绪，发现自己喜欢和不喜欢的，开始对同伴产生共情，学会接纳和理解同伴，还可以在游戏中释放焦虑，调节情绪。例如当幼儿在游戏中遭遇挫败时，他们会学习不断调节和控制自己的情绪。

三是认知的发展。幼儿在游戏的过程中要不断思考和解决问题，获得概念学习、表征思维、推理等多方面的发展。例如幼儿在表演游戏中，需要在脑海中勾画故事的画面，并且用行动表现出来，他们学习如何用一个物体来表示另一个物体，用手势或语言来替代或表现自己的想象。

图 3-3

　　四是身体动作的发展。幼儿在游戏中不断地跑、跳，能够锻炼大肌肉和小肌肉，发展身体动作的平衡、协调、控制能力。**例如： 幼儿在玩吹泡泡的游戏中获得愉悦情绪体验的同时，也会引发奔跑、跳跃等动作，获得身体动作的发展。**

　　游戏中幼儿外显性的学习是比较容易发现的，**例如： 幼儿在积木游戏中搭建出了一座房子，空间感知和建构技能的学习是外显性的。**游戏中幼儿内隐性的学习相对较难被发现，**例如： 游戏中幼儿发展了坚持、积极思考、乐于探究等良好学习品质。**教师不仅要通过幼儿外在的行为特点去发现幼儿的外显性学习，更要看到幼儿在游戏中的内隐性学习。

图 3-4

3. 儿童简单重复的游戏行为有价值吗？[微课]

微课3-1（鄢超云）

在幼儿低龄阶段以及新材料投放的初始阶段，简单重复的游戏行为是有价值的。

对于低龄的幼儿来说，简单重复的游戏行为是他们探究的过程，是他们感受"动即快乐"的典型表现。出现简单重复的游戏行为说明幼儿的游戏已经从混乱失控走向了有序，这样的游戏行为是有益的、适宜的。

简单重复的游戏行为还常常出现在有新材料投放的游戏初始阶段。幼儿对新材料感兴趣，希望通过反复的探究感知材料的特性，这样简单重复的游戏行为也是有价值的。为在下一阶段的游戏中，幼儿能更加多元地运用材料积累经验形成前置条件，教师可以给予幼儿适宜的时间和空间进行感知。**例如：在小班的建构游戏中，一个男孩突然**将其搭好的一座房子推倒，"哈哈，倒了！"然后又快速地将积木搭建成原来的样子，又用手掌一推，"哈哈哈，又倒了！"男孩笑着说。男孩不断重复着推倒、搭建的动作，每次推倒"房子"之后便手舞足蹈地大笑……这样的场景在小班的游戏中比较常见，对于男孩推倒、搭建的重复动作，我们通常会认为他"不够专注"或"无聊"，有时甚至会认为他在"搞破坏"，并且男孩所搭的房子简单又普通，没有什么特别的创意。于是，通常我们认为男孩的游戏行为似乎是没有意义的。但是，我们仔细品味孩子推倒之后的"笑""手舞足蹈"等情绪表现，首先，男孩在积极主动地按照自己的游戏水平和兴趣进行着推倒、搭建的游戏，他控制着推倒、搭建的节奏和游戏的进程。他在重复的推倒、搭建的动作中一次次验证着自己对事物发展和结果的预测及判断，获得成功体验和自我认同感。这种美妙的游戏体验足以让男孩沉迷游戏，也激励男孩乐此不疲地重复推倒、搭建的动作。因此，这样简单重复的游戏行为对男孩而言是有意义的，而非"不专注"或"无聊"的表现。

对于 5—6 岁的幼儿来说，这种游戏行为过于简单，不断重复的游戏行为缺乏创造性和挑战性。**例如： 在前面"游戏中一定有学习产生吗？"这个问题案例中所提到的大班的泽泽重复用"竹筒打水"的游戏行为。**教师需要通过观察和识别来判断幼儿简单重复的游戏行为是否有价值，如果幼儿长时间地重复、模仿某一行为，而没有任何新的经验产生，教师则需要通过材料、问题情景等支持幼儿，帮助他们超越简单的重复和模仿。

哈哈，又倒了，这样太好玩了。

图 3-5

4. 嬉戏打闹有价值吗？

嬉戏打闹有价值。嬉戏打闹是幼儿的天性，即使刚刚学会走路的婴儿也会在追逐伙伴的过程中开心不已。嬉戏打闹是幼儿的内在需要，是顺应了幼儿发展规律的游戏形式。从幼儿的自身生命成长而言，嬉戏打闹是童年生命最自然的表达方式，接纳和承认嬉戏打闹的价值，就是在接纳幼儿生命存在本身。

嬉戏打闹有益于幼儿身体动作的发展。嬉戏打闹过程中，能激活幼儿身体和大脑的多个部位，包括负责运动协调、创造力的神经通路，调控情绪的杏仁体，处理运动技能的小脑，负责认知和决策的前额叶皮质等。因此，嬉戏打闹能促进幼儿身体健康发展。

图 3-6

嬉戏打闹有助于幼儿身体动作的发展。

嬉戏打闹有益于幼儿情绪情感的发展。嬉戏打闹中，幼儿需要不断经历情绪亢奋和冷静的循环，有利于幼儿情绪控制能力的发展；嬉戏打闹中，通过眼神、表情交流，读懂和理解他人的情绪，利于幼儿认知他人情绪，帮助幼儿"去自我中心化"。嬉戏行为既

47

是幼儿情绪的信号灯，也是幼儿的减压阀，通过嬉戏行为，幼儿能宣泄隐藏的负面情绪。

图 3-7

幼儿在追逐、嬉戏中释放、减压，获得愉悦的情绪体验。

嬉戏打闹有益于幼儿社会交往和问题解决能力的发展。 嬉戏打闹中幼儿需要通过同伴的眼神、动作、表情等区分玩闹与真正的攻击，能够准确捕捉同伴的感受与情绪，并

给予正确的回应。因此，嬉戏打闹能够帮助幼儿形成良好伙伴关系，为幼儿融入未来社会生活奠定良好的基础。

图 3-8

幼儿可以通过眼神、表情等捕捉同伴在游戏中的感受，并给予正确的回应。

作为教师，我们应不断发现嬉戏打闹中的教育契机，及时发现幼儿的游戏兴趣，并将此转化为推动幼儿个体、群体发展的教育实践。需要强调的是，在观察幼儿嬉戏打闹时，需要以安全为底线，如果游戏中存在安全隐患或即将上升为攻击性行为时，教师需要及时地介入指导。

图 3-9

5. 游戏中儿童的学习需要教师"教"吗？[微课]

微课 3-2（高翔）

游戏中儿童的学习，需要教师"教"。幼儿园游戏兼具自然性和教育性。游戏是幼儿可自主自发进行的活动，但游戏中多元学习的实现离不开教师的"教"，这样的"教"既能增强游戏的趣味性和复杂性，又能让幼儿在尝试的过程中获得成功感和胜任感。这里教师的"教"是加双引号的，因为它包含显性的教和隐性的教。

显性的教，是指游戏中，我们以观察为前提，用语言或动作参与，倾听与理解幼儿游戏想法与感受，支持、鼓励他们的大胆探索与表达，这样的"教"幼儿是有所觉察的。**例如：妮妮喜欢在娃娃家玩，但是如果她需要的真实材料不足时，她就会在游戏中感到很困难或者烦躁。老师发现妮妮的游戏**

问题后，以"游戏同伴"的身份加入妮妮的游戏，老师带来一个碗和妮妮一起玩做饭的游戏，并建议妮妮将碗当作壶使用。刚开始，妮妮是拒绝的，老师并没有坚持，而是自己将碗当作壶使用，在接下来的一周里，

图 3-10

老师和妮妮一起玩娃娃家的游戏，游戏时自己把不同的材料假想成食物等。一个月后，老师发现妮妮的游戏中出现了替代物。

　　隐性的教，即根据幼儿最近发展区、幼儿游戏的问题与需要，将教育意图有机地渗透于环境、材料中，通过环境与材料对幼儿的影响，来达到"教"的目的。需要注意的是，教育的本质就是让幼儿成为更好的自己，教师在与幼儿互动的过程中要把握好"度"，以尊重幼儿的兴趣和意愿为前提，顺应幼儿兴趣，支持幼儿的游戏想法，并且巧妙地将幼儿的发展融入其中。**例如：户外游戏时，老师发现孩子们对自己的影子感兴趣，还变化动作制造不同姿态的影子，老师便在下一次户外游戏时为他们提供了粉笔，孩子们开始用粉笔将各种姿态的影子画下**来，还画上了表情。等到第二天再玩时，孩子们又热衷于对着粉笔画的影子摆动作，还发现好多动作都无法还原，产生了很多疑问。

我的影子像大象一样。

我的影子是一个圆形。

图 3-11

6. 开展新游戏前有必要为幼儿设计 "与之相关的主题教学活动" 吗？

判断是否有必要在开展新游戏前为幼儿设计"与之相关的主题教学活动"，教师首先要思考主题教学活动对游戏的价值，再思考实施主题教学活动的时机和方式。

开展新游戏前设计与游戏相关的主题教学活动，可以帮助幼儿丰富新游戏经验的储备、提供与材料初步互动的机会，使其形成对新游戏的链接。即便不是新游戏开展前，当幼儿对某些游戏缺乏兴趣，或者一直处于混乱失控、简单重复的游戏水平时，教师也有必要基于他们在游戏中存在的问题，设计相关主题教学活动，支持他们掌握规则、获得更高级的游戏经验后，焕发游戏的生机，创造出更多的花样、玩出更多的智慧。**例如：在玩沙游戏中，孩子们想要"搭建两层**

水渠"，教师提供了小木棒、不同长度的半边竹块、 PVC 管等游戏材料，孩子们试图利用小木棒交叉插入泥沙里，再将半边竹块放在上面来搭建第二层水渠，但是经过多次尝试孩子们依旧没有成功。老师发现了孩子们的游戏问题后，决定开展一次关于"搭建第二

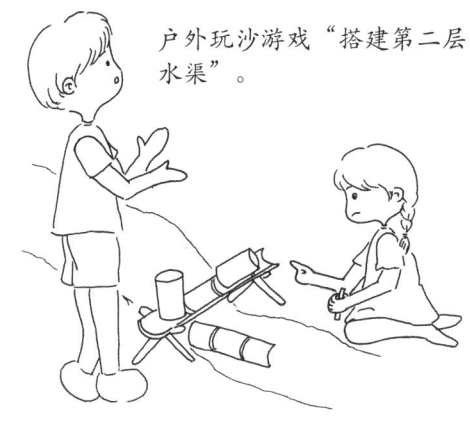

户外玩沙游戏"搭建第二层水渠"。

图 3 - 12

层建筑"的主题教学活动，通过实地观察，利用照片、视频等方式，帮助孩子们获取"搭建第二层建筑"的多种方法，为下一次的游戏积累经验和技能，以免孩子们在多次失败中失去游戏兴趣。

但是，如果开展新游戏前，幼儿已有自己的想法与创意，教师则不需要设计与之相关的主题教育活动。因为教师过于主动预设主题或者给予指导，会限制幼儿游戏中的创造与想象，把"幼儿的游戏"变成了"教师的游戏"。面对幼儿的主张，教师应给予幼儿充足的游戏机会，让其自主游戏和探索，自主建构经验。**例如：** 在户外游戏时，孩子们"开着"自己的小汽车开始了游戏，但是很快因为大家争先恐后地"开车"便发生了"撞车"的交通事故。老师发现后并没有立马介入，而是在旁边倾听孩子们的"争论"。迪迪说："发生交通事故是需要警察来处理的。"凯凯说："我来当警察，指挥大家过马路。"丁丁说："我们还要画上人行道，这样才不会发生交通事故。"就这样，孩子们在"争论"中，结合自己的生活经验，有序地开展起交通游戏。

由此看来，在开展新游戏前，教师可以为幼儿设计与之相关的主题教学活动，但不可一刀切，需要教师观察、识别、分析幼儿

图 3-13

的游戏，因时因势做出判断。若幼儿在游戏中因缺乏经验，难以将游戏深入持续发展，教师则需要设计与之相关的主题教学活动，为幼儿提供支持；若游戏中幼儿已有想法和创意，教师则不需要设计与之相关的主题教学活动。

游戏的支持

1. 教师如何识别出可深入、持续推进的游戏？[微课]

微课 4-1 （余琳）

　　教师要识别游戏是否能持续深入推进，观察是前提，解读是关键。教师首先需要识别游戏中幼儿的需要，再准确解读幼儿的"最近发展区"，再以适宜的方式适时支持幼儿的游戏。

　　教师可以从以下几个方面观察、识别幼儿的游戏。第一，观察游戏中幼儿的表情、动作等状态，识别幼儿在游戏中的体验与感受（自主性、兴趣性、胜任感、幽默感）。第二，观察幼儿的游戏行为、游戏情境等（做了什么、选择的材料、同伴合作）。第三，倾听幼儿游戏中的对话。**例如： 最近，老师发现班级的孩子对教室里的"彩虹"（阳光透过桌面玻璃板折射在地上）很感兴趣。只要"彩虹"出现，孩子们就围着"彩虹"手舞**

足蹈，叽叽喳喳地讨论个不停。"彩虹"没有出现，孩子们就会四处寻找彩虹，并自发地用"子弹头"积塑拼接成长长的彩虹桥。观察到孩子们对"彩虹"的兴趣后，老师有意在教室内投放不同颜色的玻璃纸，孩子们

好漂亮的彩虹，我们好像在天上一样。

图 4-1

利用玻璃纸粘贴成了一个"巨大的彩虹"，并在大操场玩起"飞大彩虹"的游戏。教师通过观察孩子们的表情、动作（手舞足蹈、叽叽喳喳地讨论），识别出孩子们的游戏兴趣（制作彩虹），并给予适宜的材料支持，潜移默化地引导幼儿游戏不断持续深入发展。

观察幼儿的游戏行为与状态是识别、解读幼儿游戏兴趣和需要的基础。只有准确解读幼儿在特定游戏中的特定需要，才能在游戏中辉映幼儿心灵，识别出游戏中可深入持续推进的发展点。教师可以通过幼儿的游戏分享、绘画表征等，发现和解读幼儿的游戏问题与游戏兴趣。**例如： 阳光明媚的下午，小班的谢老师带着孩子们在操场上进行户外活动。孩子们自发地玩起了"踩影子"游戏。苗苗却一动不动地盯着自己的影子，老师仔细观察后，发现她原来是对着影子在做各种表情： 一会儿撅嘴巴，一会儿笑嘻嘻，**

一会儿叉着腰做出生气的样子……老师懂了，苗苗在探究影子是否有表情。老师找来粉笔画了喜、怒、哀、乐四个表情的影子。苗苗发现后，脸上流露出无以言表的喜悦，冲着老师开心地笑了笑，便向同伴高呼："影子有表情啦！"孩子们都参与到影子表情游戏中，刚开始，孩子们只是对着相应的影子做表情，后来又加入了各种身体动作，就这样兴致勃勃地玩了一个下午还意犹未尽。

影子也有表情啦！

图 4-2

案例中教师对幼儿内心需求的专业解读，以及由此推进的游戏，满足了幼儿的需要，辉映了幼儿的心灵，丰富了幼儿的情感体验和对表情的感受。

观察和解读幼儿游戏的过程，是教师发现幼儿游戏需要、困惑和"瓶颈"的过程，也是教师以多种方式适时引导，支持幼儿游戏层级递进的过程。

2. 游戏观察仅仅是看吗？[微课]

微课 4-2 (鄢超云)

观察不只是看看而已。观察是了解和理解幼儿的第一步，是支持幼儿游戏的依据。观察需要教师用眼睛去看幼儿的游戏行为，幼儿与同伴交往的方式，幼儿使用材料的方式；用耳朵去倾听儿童的语言，关注儿童的对话；用心和多种感官去关注幼儿游戏过程中所做、所思、所感；用专业知识将游戏中幼儿的外显行为及其内在意义解释清楚，准确判断和分析游戏中幼儿的兴趣、需求和发展水平。

观察不仅仅是看，要从"看"到"看见"再到"看懂"。"看"是教师要关注儿童，"看见"是教师要看见幼儿在游戏中的学习和发展，"看懂"是教师要看懂幼儿的游戏需求和游戏水平，分析幼儿游戏行为背后的原因。全面细致的观察分析能够帮助教师基于幼儿的年龄特点、发展需要，制定适宜的支持策略，支持幼儿生动而全面的发展。**例如： 老师关注到三个小班孩子将矿泉水瓶做的沙漏连成一串，还发出"呜——**

我看看孩子们都在玩什么。

图 4-3

呜——"的声音，仔细倾听后发现孩子忽略沙漏这一特性，而是利用矿泉水瓶外形特点修建了一列火车，正在玩开火车的游戏。老师解读道：这既是小班孩子多样化使用材料的表现，也是他们逐渐从平行游戏走向联合游戏的表现。老师开始逐渐减少班级平行材料的数量，将相同材料整合在一起批量呈现，幼儿游戏有了更多交流材料、分配材料、共享材料的机会，让班级游戏由材料引导着走向联合和合作。

图 4-4

3. 游戏观察需要有计划吗？[微课]

微课 4-3 (鄢超云)

游戏观察需要有计划。观察本身就是一种有目的、有计划的活动。有计划的观察能够使观察更具有针对性、科学性，有利于收集更多的信息，以支持幼儿游戏的发展。

第一，根据观察目的选取合适的观察角度，能够帮助观察者获得更多有价值的信息。无论什么样的观察活动都可以让观察者获取大量的信息，但观察者从不同的角度获取的信息，其价值是不同的。因此，观察者首先应根据观察目的，制定适宜的观察计划，选取合适的观察角度，以获取有价值的信息去分析问题、解决问题。

第二，有计划的观察能够提升观察者的效率。有计划的观察能够让观察者做好观察准备，从而提升观察效果。有计划的观察能够支持观察者根据观察目标制定相应计划，从而迅速获得相关信息，达成观察目的，提升观察效率。

第三，有目的的观察能够逐步提升观察者的专业性。在实际工作中，有些教师就因为没有根据观察目的选取合适的角度，而使观察记录笼统、简单，致使观察活动流于形式，失去意义。**例如： 在晨间游戏时，某新教师试图观察班级幼儿晨间游戏的情况，她时而用手机拍摄建构游戏区幼儿的搭建情况；时而驻足在表演游戏区观看幼儿的表演；时而询问美工区的游戏在做什么**……正如案例中的新教师，游戏活动前没有制定观察计划，缺乏明确的观察目的和观察策略，必然导致观察时茫然不知所措，不能有效地组织注意力，难以从纷繁复杂的游戏现象　准确地掌握有效的教育契机。
中分析、了解幼儿行为背后的原因，更难以

表2　幼儿园区角游戏观察计划表

班级：　　　　　　教师：　　　　　　时间：

观察对象		年龄		性别	
所在区角		观察时间	＿＿时＿＿分到＿＿时＿＿分		
游戏环境/材料					
观察重点					
观察情况记录					
评价与分析					
教师支持策略					
改进措施及建议					

4. 幼儿在游戏中发生争抢行为时，教师应该介入吗？

视实际情况而定。游戏中的争抢行为是幼儿社会性发展中的正常现象，这种冲突为幼儿去自我中心化，发展分享、谦让等亲社会性行为提供了很好的机会。教师应该关注并充分利用这一契机，将其视作宝贵的教育资源。

教师是否介入幼儿游戏中的争抢行为取决于教师对幼儿的了解。如果幼儿有能力解决问题，教师可不介入，放手让幼儿去自主解决矛盾冲突。但是，放手让幼儿自主解决问题，并不意味着教师就全然不管。教师应该密切关注幼儿解决问题的策略和方法，及时帮助幼儿梳理经验，并请幼儿将好的经验和方法分享给全班小朋友，培养幼儿的亲社会行为，提升幼儿的同伴交往能力和游戏技能等。

如果幼儿没有能力解决或争抢过于激烈，涉及到安全问题，教师要敏锐地察觉，适时地介入，制止幼儿的危险动作，缓解紧张氛围，引导幼儿友好地处理矛盾，学会沟通和表达的技巧。**例如：在理发店游戏开始前，想想和小勇因为都想当理发店的收银员争执起来，两个小朋友都不愿意放弃，互不相让，想想大哭起来。想想的哭声引起了小伙伴们的围观，游戏一度被中止。老师把想想和小勇请到一旁安抚情绪后对他们说："很显然，这样的争抢解决不了你们俩都想玩的问题，有没有其他可以解决的办法呢？"想想说："最简单的就是我们'石头、剪刀、布'，谁赢了谁当收银员。"小勇说："我不**

同意，一个收银员太少了，可以两个人都来当。""两个人当收银员，那客人把钱给谁呢？"老师问道。小勇说："客人可以把钱给我，我来收钱，收好的钱我给想想，想想把钱放进盒子里，再把排好的号码发给客人。""想想，小勇的建议你同意吗？"老师问道。"好，那我们两个人都当收银员。"想想说着，终于破涕为笑。

图 4-5

需要注意的是，我们肯定"争抢行为"对儿童发展的意义。但是，如果游戏过程中争抢行为出现频率较多，不仅会影响幼儿的游戏质量，同时也不利于班级游戏的正常开展。这就需要教师适时地介入，一方面通过提问的方式引导幼儿解决冲突，另一方面教师可以从环境、材料等方面进行间接引导。

例如： 小班幼儿在游戏时间出现争抢行为较多，教师可能需要考量是否要为幼儿提供大量平行游戏的材料，即同样的游戏材料可准备多份。

5. 如何将幼儿的游戏与教师的教育预期相整合？[微课]

微课4-4（高翔）

幼儿园教育包含幼儿开心地玩和教师有效地教，即让幼儿学到他们喜欢学习的和让幼儿学到他们应该学习的内容。因此，教师的教育预期一方面要结合幼儿的游戏兴趣和需求，另一方面也要将幼儿发展纳入合乎社会需要的轨道来进行合理预设。

将幼儿的游戏与教师的教育预期相整合需要处理好"儿童视角与成人视角""游戏预设与生成""儿童角色与教师角色"这几层关系。

首先，教师应建立科学的观念意识：儿童是游戏的主人，儿童具有选择游戏、决定

图4-6

结合孩子们对"蚕"的兴趣，老师在教室创设"养蚕"区角，和孩子们一起探究蚕宝宝吃什么、蚕宝宝怎么结茧、抽丝，一起体悟生命的价值，感恩生命的伟大。

游戏玩法、支配游戏过程的权利。其次，要找到预设与生成间的"合适距离"，因此教师应该做到以下几点：（1）教师应以尊重幼儿的兴趣和想法为基础；（2）教师预设的目标应以了解幼儿的认知发展、个性特点为前提；（3）教师应重视游戏的过程性和生成性；（4）教师应根据幼儿游戏过程中的行为、游戏水平、游戏需要等及时调整预期目标。**例如：老师和孩子们一起阅读了《守护良田的稻草人》，结果引发了孩子们对稻草人的浓厚兴趣，老师为了满足孩子们制作稻草人的愿望，从老家找来了稻草。看见成捆的稻草，城市里的孩子们显得很兴奋，他们在看、摸、闻的过程中发现：稻草干干的、软软的、弹弹的、有扎手的感觉，稻草有像面包、小草、烧火的味道。为了让稻草人游戏更加深入，老师分享了各种各样的稻草人图片，鼓励孩子们自由结伴，分组讨论设计稻草人。有的孩子想设计长着长头发、穿着漂**亮裙子的稻草人，有的想要设计像超人、奥特曼一样的稻草人。孩子们交流沟通后，决定用投票的方式来确定稻草人的形象。明确主题后，他们开始绘制自己的设计稿，这让他们有了清晰的目标。孩子们选择在户外开始制作稻草人，当他们发现光用稻草，稻草

图 4-7

人太软了，立不起来，便决定先用毛根将稻草和竹竿固定，就像服装店里的模特一样做个支架作为稻草人的身体，再想办法立稳稻草人。稻草人扎好后，若立在较硬的地面上，竹竿插不进去，稻草人又被搬到草地上，孩子们用双手使劲插竹竿，但还是立不稳。当老师询问孩子是否需要使用工具帮忙时，芮芮去保安叔叔那里借来了锤子，终于与同伴利用锤子成功地将稻草人立稳。

案例中，游戏兴趣的生发是源于幼儿的，但教师的教育预期不仅是满足幼儿做成稻草人的需求，也不仅限于丰富稻草人的类型，而是希望幼儿们在制作稻草人的过程中具备发现问题、逐一破解的自主探究能力。因此，教师根据幼儿游戏状态动态地调整预期目标尤为重要。

五

游戏中的两难

1. 在幼儿园游戏中规则和自主谁更重要？[微课]

微课 5-1（余琳）

自主性是幼儿游戏的基本特征之一，这决定了游戏中幼儿可以根据自己的兴趣选择玩什么、怎么玩以及和谁一起玩。同时，游戏也是有规则的。用以约束或调节游戏者的行为或相互关系的规定，确保游戏的顺利开展或进行，需要游戏者在游戏过程中共同约定并遵守。

在幼儿园游戏中，幼儿自主的实现需要规则的保障，规则的制定首先需要基于给予幼儿自主的空间和灵活的游戏方式。规则与自主并不是对立的，它们是相互依存、共生的，我们要去追寻与探索自主与规则在幼儿园游戏中适切的价值与位置。

游戏中幼儿理解、制定、遵守、内化规则的过程也是其自主意识、自主能力发展的

过程。幼儿自主了，才能推进游戏迈向高水平。教师需要将规则与自主和谐统一，才能引领游戏向更高水平发展。**例如：在我们成人看来，班级娃娃家的游戏场景是有些"凌乱"的。娃娃家的小桌子上围坐着三个正在吃大餐的小朋友，旁边的"灶台"上放着锅碗瓢盆，地上放着不同的玩偶、雪花片等小结构游戏材料……似乎孩子们没有遵守要把材料放置整齐的规则，但仔细观察幼儿的游戏行为：丫丫一边把桌上的水杯装进书包里，一边嘴里说着"我的宝宝明天上幼儿园啦，我在给她准备东西"，丑丑和乐乐一本正经地把鱼儿拿到"水池"里清洗，然后两人找来一口锅，拿上铲子开始做红烧鱼……游戏结束后，孩子们将材料归位，娃娃家又恢**

复了整洁。从这个游戏场景中，我们可以感受到，幼儿是环境的主人，他们对环境拥有充分的自主权，他们能够自主决定游戏内容、选择游戏材料，他们的游戏愿望能够在看似"凌乱"的环境中得到支持和实现。

图 5-1

娃娃家里三个小朋友正围坐在一起吃大餐。

因此，游戏中规则和自主不是对立的关系，而是需要教师学会掌握"度"，需要思考什么样的规则是必须的，什么样的规则不是必须的。正如上面案例中教师允许游戏环境的适度凌乱，给予幼儿跨区域使用游戏材料的自由，让幼儿享有更多自主的游戏空间，让幼儿的游戏更加多元丰富。

游戏应该
限制人数吗?

游戏区

图 5-2

每天这个区的人数都很多，该不该限制一下人数呢?

我们不否认幼儿在游戏中能够与同伴、环境、材料等相互作用，不断生发和创造新的游戏，这需要一定的规则作为保障，如一个安全、稳定、有序的环境，学会轮流、分享，自主收拾游戏材料等。游戏中的这些规则可以是幼儿与教师、幼儿与幼儿共同商量制定的，帮助幼儿理解规则的价值与意义，建立正确的规则意识。

没有规则，自主无从谈起。但是，如果过度强调规则，就会限制幼儿在游戏中的自主。全面而深刻地认识规则与自主在游戏中的关系，实现规则与自主的和谐统一，才能引领游戏向更高水平发展。

2. 区角游戏时，是否应该限制幼儿人数？

　　区角游戏是否应该限制幼儿人数？不同的教师有不同的观点。

　　限制区角人数能让幼儿在安全、稳定、有序的空间内与材料充分地互动，从而促进其深度学习的可能性，同时能够恰当分流，防止冷门区角的产生。同时，限制人数也是一种潜在规则意识的教育。

　　不限制区角人数能够最大限度地满足幼儿在游戏中的自主选择，幼儿能够完全在兴趣的驱动下自由选择区域，教师更容易发现全班每一个幼儿的真实兴趣，以便教师对区角的设置做出反思与调整。比如：当某个区角人数持续走高时，我们看到幼儿对某种游戏非常感兴趣，可以通过增加材料或者扩大区域满足更多儿童的游戏需要，当某个区角

无人问津时，也正是我们反思区角设置、发展自身专业能力的最好契机。

　　无论是限制区角人数还是不限制区角人数，其实对幼儿而言都有发展价值。作为教师，无论我们在实践中是否限制区角人数，我们都应该从幼儿的立场来思考，站在幼儿发展的角度来弹性思考规则。**例如： 由于帐篷容纳的人数有限，幼儿们自己建立起了游戏规则——只有参与搭帐篷的小朋友才能在帐篷里玩。这天，小米没有参与搭帐篷，但她也很想进去玩。于是她对帐篷里的小朋友说： "外面下雨了，我可以进来吗？"伙伴们拒绝了她，理由是她没有搭帐篷。"太阳出来啦！太阳出来啦！天晴啦！"小米自己找了个理由缓解了情绪。而后她又找了"怪物来**

了""我好累呀"等理由想进入帐篷，但均被小朋友以她没有搭帐篷被拒绝。**小米最终选择了在餐厅不断为帐篷里面的小朋友送东西，实现了与帐篷里小朋友的互动。**幼儿是具有主观能动性的个体，正如案例中被拒绝的小米，能够想方设法融入同伴的游戏，这是一种创造性解决问题的方式。因此，我们

应该辨证看待区角游戏中"是否应该限制人数"的规则。

区角游戏时是否应该限制人数，其问题实质是在区角游戏中如何平衡"自主与规则"的关系。我们重视幼儿游戏中的"自由"，但并非让幼儿放纵；我们重视"规则"意识，但并非强调教师主导。无论何种方式，

图 5-3

图 5-4

教师都需要在尊重幼儿的前提下进行。教师可以根据幼儿游戏情况就各区角限定的数额是否合理进行判断，鼓励幼儿参与规则的制定，通过讨论、交流，在师生互动、生生互动中达成共同的约定。对于没有限定区角人数的班级，教师也可根据幼儿游戏情况，合理调整区角规划以满足幼儿游戏的需要，同时也可以基于游戏开展中的问题，将是否限制区角人数等问题与幼儿进行讨论。

3. 教师是否需要为幼儿预设角色游戏主题？

教师预设的角色游戏与幼儿自发生成的角色游戏是两种不同形式的游戏，这两种形式在幼儿园游戏中都有存在的价值，并且两种形式不是一成不变的，在适当的时候是可以相互转化的。

老师给我们准备了这么多服装，我今天扮演什么呢？

图 5-5

从幼儿的角度分析，幼儿是独特的个体，各自有着不尽相同的兴趣，他们根据自身的生活经验，自主运用材料生成创意十足、玩法多样的角色游戏。在自发生成的角色游戏中，教师需要为幼儿营造一个可以实现多元游戏意愿的环境，洞悉幼儿的游戏兴趣，丰富幼儿的游戏经验，支持幼儿的游戏想法，将幼儿游戏引向更高水平，促进幼儿在游戏中的学习与发展。

例如： 孩子们在帐篷里玩了一段时间娃娃家以后，开始出现了这样的情景。一天，璇璇到娃娃家来做客，她说："我生病了，发烧了。"扮演妈妈的悠悠开始用积插玩具做了一根体温计，为她量体温、看病。此后，每天都有生病的孩子去娃娃家看病。老师基

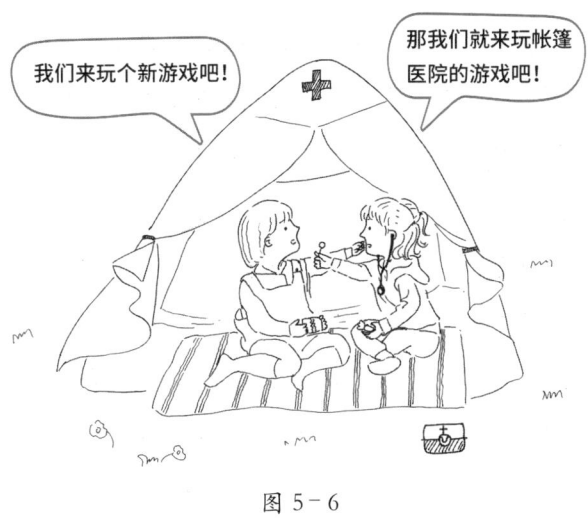

图 5-6

找病人，在不断的互动中体会角色扮演的快乐，内化经验。

"帐篷医院"的角色游戏主题是幼儿自发生成的，但正是因为教师对幼儿游戏的关注，和幼儿游戏兴趣的了解，才有了后续幼儿们精彩的游戏故事。因此，即使是幼儿自发生成的角色游戏主题，也需要教师的持续关注和支持，及时捕捉幼儿在游戏中的表现和反应，敏感地察觉幼儿的需要，并通过适当的方式予以回应，形成合作探究式的师生互动。

从教师的角度来讲，教师可以根据教育目标预设一定的角色游戏主题，帮助丰富和巩固幼儿的知识经验体系。《幼儿园教育指导纲要》中也指出：教师要善于发现幼儿感兴趣的事物、游戏和偶发事件中所隐含的教育价值，把握时机，积极引导。但是教师预设角色游戏的主题需要把握以下几点：一是教师预设的角色游戏主题是源于幼儿生活的；

于对班级教室空间的整体利用及孩子们对医院游戏主题的兴趣，创设了帐篷医院游戏区，为孩子们提供医生和护士的衣服、听诊器、玩具医药箱、纱布等道具。帐篷医院的角色游戏由此产生。

随着材料的投放，孩子们对扮演医生护士的游戏兴趣异常高涨。孩子们很想给人看病，但苦于没有病人。孩子们开始给教室里的玩具娃娃看病，去其他区寻找病人，喊号

图 5-7

二是教师预设角色游戏主题前需要了解幼儿的游戏兴趣、已有经验；三是教师预设的角色游戏主题可以基于幼儿游戏的过程弹性调整变化。

无论是教师预设，还是幼儿自主生成角色游戏主题都需要把握两个核心问题：其一是儿童立场，尊重幼儿的游戏意愿；其二是教师需要保持开放的态度，及时观察、解读和支持，为幼儿的需要和发展提供材料、创设环境，支持幼儿全面发展。

4. 当幼儿"沉迷"某个区角游戏时，教师是否需要介入？

区角游戏是幼儿在幼儿园进行的一种重要的活动形式。教师一般会根据不同游戏的功能和价值创设班级的游戏区角，例如阅读区、建构区、表演区、美工区……其目的在于支持和引导幼儿的全面发展。

但是，幼儿对区角游戏的选择往往是根据自己的兴趣，因此有时会出现有的幼儿喜欢长时间"沉迷"于某一个区角游戏。面对这样的情景，很多教师会困惑：游戏应该尊重幼儿的兴趣和选择，但是长时间"沉迷"于某一个区角游戏，又如何促进幼儿全面发展呢？这时教师是否应该介入呢？

例如：辰辰特别喜欢建构，每次区角游戏时间，辰辰总是喜欢选择到建构区游戏，即使好朋友邀请他到其他区角游戏，他也摇头拒绝。就这样，辰辰在建构区的游戏已经持续好几个星期了，班级的老师很困惑是否要引导辰辰尝试到其他区角进行游戏。

图 5-8

面对上述案例中的情景，关于"是否需要介入"，不同教师有不同的看法。一种认为幼儿长时间"沉迷"于建构游戏，不利于幼儿其他方面的发展，教师应该引导辰辰到更多区域去游戏。另一种则认为游戏区主要是为了满足个体的需要和兴趣而创设，应尊重幼儿自己的选择，辰辰"沉迷"于建构区，说明辰辰对建构游戏很感兴趣，应该尊重幼儿的自主权利。

其实，针对幼儿"沉迷"于某一区角游戏的情况，教师是否要介入，以及介入的时机和方法，要取决于对幼儿游戏行为的观察与分析。如果幼儿长时间"沉迷"于某个区角是其兴趣和需要的表现，而且不断有新的探究和学习在产生，游戏水平在持续提升，就应该得到教师的关注和支持。如果幼儿长时间"沉迷"于某个区角是一直处于低水平的简单重复，没有新的学习和发展产生，甚

至出现了非游戏性愉悦体验，就需要教师进行专业观察解读，分析幼儿是欠缺本游戏的经验和能力还是在选择上缺乏能力，而后给予相应的支持与引导。这些实际是教师专业知识与能力的体现，同时反映了教师的教育智慧。

例如： 前面的案例中，教师基于对辰辰游戏行为的持续观察与分析，发现辰辰有着很明确的建构目标，要搭建一座高楼大厦。游戏中他不断面对各种问题，每天都会在解决问题时进行大量的尝试和探究，最近正在解决的问题是"如何架空并保持平衡"。于是，老师支持了辰辰的"沉迷"，并在阅读区投放了关于搭建高楼的图书和绘本，在墙面展示不同的高楼。在老师的引导和示范下，辰辰开始在阅读区翻阅关于搭建高楼的图书，和同伴一起探究，最终搭建出一座漂亮的"高楼大厦"。

5. 游戏中当幼儿能力发展不足时，教师应该让幼儿继续游戏，还是先发展技能？

"游戏中幼儿的能力不足时，教师应该让幼儿继续游戏，还是先发展技能"实质是"游戏与发展关系"问题在实践中的反映。关于游戏与儿童发展的问题有两种不同的观点：一种观点认为儿童的发展水平制约着游戏的发展水平，儿童玩什么、怎么玩取决于他的发展水平；另一种观点认为游戏创造了儿童的"最近发展区"，游戏对儿童的发展具有建构和生成的作用。

在实践中，当游戏中幼儿能力发展不足时，教师就面临先"游戏"还是先"发展"的抉择难题。**例如：中班的丁丁非常想和其他小朋友一起玩，但是他不会和小朋友协商，总喜欢抢小朋友的玩具，其他小朋友都不愿意和他一起玩，丁丁也无法加入其他小朋友**的游戏中。这个时候，老师应该先帮助丁丁发展社会交往的技能，还是先让丁丁游戏呢？

图 5-9

面对这样的情景，持有不同观点的教师会有不同的处理方法。一种认为应该先让幼儿游戏，因为游戏可以为丁丁提供社会交往的机会，在游戏中出现的关于社会交往的问题和冲突，正是丁丁社会交往技能发展的良好契机。另一种认为应该先帮助丁丁发展社会交往技能，因为只有掌握了良好的社会交往技能，丁丁才能更好地加入其他孩子的游戏中，如果丁丁越不会和其他孩子相处，其他孩子就越不愿意和他玩，丁丁就越不懂得如何与他人相处，最后可能会被"边缘化"。

其实，每个幼儿在发展上具有个体特点与差异，教师应该持续观察该幼儿的具体行为，倾听其想法和认知，分析幼儿出现该问题的关键原因，再给予适合该幼儿的支持方法。**例如：针对案例中丁丁的情况，老师通过观察并向家长了解到，丁丁入园前缺乏与同龄小朋友交往的经验，因此教师采用当丁丁出现交往障碍时首先利用契机帮助其学习如何以适宜的方式加入小伙伴的游戏（语言表达、帮忙、平行游戏），并及时肯定丁丁适**

宜的行为。伴随丁丁交往能力的提高，他持续参与、融入游戏的时间也越来越多。

游戏与发展是相互作用、相互促进的关系，幼儿能力的提高可以促进游戏水平的提高，而游戏水平的提高也能促进幼儿的学习与发展。教师应根据具体的问题情境及幼儿发展的个体差异"因人施教"。

妞妞，你今天和丁丁一起玩得很愉快呢。

是的，丁丁今天很友好，我们一起分享了玩具。

图 5-10

图书在版编目(CIP)数据

图解游戏.让幼儿教师轻松搞定游戏/余琳,文贤代,吴庆国主编;鄢超云总主编.
—上海：复旦大学出版社,2021.9(2023.12重印)
ISBN 978-7-309-15937-0

Ⅰ.①图…　Ⅱ.①余…②文…③吴…④鄢…　Ⅲ.①游戏课-学前教育-教学参考资料
Ⅳ.①G613.7

中国版本图书馆 CIP 数据核字(2021)第 180962 号

图解游戏. 让幼儿教师轻松搞定游戏

余　琳　文贤代　吴庆国　主编
鄢超云　总主编
责任编辑/谢少卿
特约编辑/张金陵
版式设计/董春洁

复旦大学出版社有限公司出版发行
上海市国权路 579 号　邮编：200433
网址：fupnet@ fudanpress.com　http：//www.fudanpress.com
门市零售：86-21-65102580　　团体订购：86-21-65104505
出版部电话：86-21-65642845
上海丽佳制版印刷有限公司

开本 890 毫米×1240 毫米　1/24　印张 4　字数 76 千字
2023 年 12 月第 1 版第 3 次印刷

ISBN 978-7-309-15937-0/G · 2307
定价：50.00 元